Andreas Reuß

1000 Jahre Kaiser Heinrich II. der Heilige

Sein Leben, seine Stadt Bamberg, sein Dom und seine Stiftungen

Herrscher von Gottes Gnaden am Ende aller Zeiten

Inhalt

Kaiser Heinrich II. der Heilige (6.5.973–13.7.1024) wurde am westlichen Chorgestühl im Bamberger Dom recht lebendig, weniger statuarisch dargestellt. Das Relief schnitzten im späten 14. Jahrhundert Meister der Parler-Schule. Diese Werkstatt, die auch den Prager Veitsdom maßgeblich gestaltete, gehört zur Spitzenklasse unter den Künstlern der Gotik. Manche der Figuren am Chorgestühl sind rätselhaft, vielleicht sogar bewusst vieldeutig gelassen – das gilt auch für alle anderen Plastiken im Bamberger Dom.

Blick auf das Panorama der „geistlichen" Bamberger Bergstadt, vom Turm des Rathauses Geyerswörth aus, das auf einer Halbinsel liegt. Im Vordergrund steht auf einer eigenen Insel das „Alte Rathaus" mit einem Fachwerk-Vorbau und einem Schieferdach-Turm. Die geistliche Bergstadt war geprägt von Kirchen und Klöstern. Noch heute bestimmen sie das dortige bauliche Erscheinungsbild. Auf dem Bild sieht man links erhöht den

viertürmigen Kaiserdom. Rechts vom Turm mit dem Gerüst ist noch der Turm der Jakobskirche auf dem Jakobsberg erkennbar. Rechts unterhalb des Doms steht die ehemalige Neue Residenz der Fürstbischöfe, daneben ragt das hohe Dach des früheren Dominikanerklosters empor, im Hintergrund rechts liegt das ehemalige Kloster Michaelsberg. Weitere Kirchenhügel links sind hier abgeschnitten.

Kaiser Heinrich II.

König Heinrich, der spätere Kaiser Heinrich II., nannte Bamberg seine „einziggeliebte Stadt". Wer war dieser Kaiser, der im Jahre 1024, also vor 1000 Jahren, starb? Warum liebte er Bamberg? Ist er heute noch von Bedeutung?

Dazu muss man vorweg feststellen, worin die Aufgaben der Könige und Kaiser im Mittelalter im Deutschen Reich bestanden.

Allgemein war es ihre Aufgabe

- für Frieden im Reich zu sorgen
- die Kirche zu schützen
- jedem zu seinem Recht zu verhelfen
- in Konflikten zu vermitteln
- und den Fortbestand des Reiches und seine Einheit zu gewährleisten.

Denn das Reich stellte um 1000 noch eher eine Zusammensetzung von Stammesverbänden dar (Schwaben, Bayern, Franken usw.).

Lange Zeit hieß es, Heinrich II. habe während seiner Zeit als Herrscher keine besondere Bedeutung in der Erfüllung dieser Aufgaben gehabt, er sei also für die politische Geschichte nicht überragend wichtig gewesen. Denn in großen Darstellungen zur Weltgeschichte oder zur Geschichte Deutschlands wird er nur am Rande oder gar nicht erwähnt.

Unbestritten ist aber: Seine Bedeutung für die Kunst- und Kulturgeschichte ist enorm. Er hat Kunstwerke in Auftrag gegeben, die heute zum Weltkulturerbe der UNESCO zählen bzw. zu den 25 bedeutendsten Kunstwerken der Menschheitsgeschichte überhaupt. Dazu gehört etwa das „Perikopenbuch Heinrichs II.", eine Sammlung von Texten aus der Bibel mit meisterhaften Illustrationen, oder die „Bamberger Apokalypse" mit illustrierten Texten des letzten Buchs der Bibel. Das Perikopenbuch steht gleichrangig neben der Nofretete, der Mona Lisa oder dem Selbstbildnis Albrecht Dürers, heißt es übereinstimmend.

Vor allem die Apokalypse, auch Offenbarung genannt, passt gut zum Selbstverständnis Heinrichs II., der sich als „Herrscher am Ende der Zeiten" sah – im Grunde also eine sehr aktuelle Figur. Das heißt nicht,

Die Obere Pfarrkirche – im Unterschied zur unteren Pfarrkirche Sankt Martin in der Inselstadt – erhebt sich auf dem Kaulberg südlich des Domberges. Sie heißt wegen des zugehörigen Marien-Patroziniums auch „Pfarrkirche Unsere Liebe Frau" und wurde wohl schon zu Beginn des 11. Jahrhunderts, also zur Zeit der Entstehung des Bistums, gegründet. Turm und Hochchor entstanden Ende des 14. Jahrhunderts, das Langhaus ist aus der Mitte des 14. Jahrhunderts. Die Altenburg auf dem 386 Meter hohen Berg im Hintergrund wurde 1109 erstmals erwähnt und war zeitweise Residenz des Fürstbischofs. Manche Teile sind noch mittelalterlich.

UT FRE TERRENO · CAELESTI POSTEA REGNO
DISTINCTE GENTES FAMULANT DONA FERENTES

dass er dachte, er müsse alle Aktivitäten beenden und dürfe nicht an die Zukunft denken. Diesen Widerspruch „Zeitenende – Zukunftsorientierung" findet man bei fast allen Apokalyptikern, sei es in der Bibel oder in der Politik.

Außerdem gilt Heinrich als eines der besten Beispiele von einem Herrscher, der nach der Vorstellung des Mittelalters, und zum Teil bis in die Gegenwart, von Gott selbst berufen und eingesetzt worden sei. Ein Herrscher „von Gottes Gnaden" also. Das historische Bild von seiner Krönung durch Gott selbst findet man in vielen Schulbüchern.

1977 rückte Heinrich II. ins Zentrum von Forschungen hochrangiger Historiker wie Bernd Schneidmüller und Stefan Weinfurter (siehe Literaturverzeichnis). Sie stellten die Frage:

Gab es eine Wende von Heinrichs Vorgänger Kaiser Otto III. zu Kaiser Heinrich II.? „Eine Wende der Zeiten, eine Wende menschlicher Ausgestaltung von Herrschaft und eine Wende im Wirkverbund mittelalterlicher Institutionen?"

Die aufgeschlagene Buchseite zeigt ein Bild aus der sog. Bamberger Apokalypse. Oben thront in der Mitte ein Herrscher, möglicherweise Heinrich II., mit Zepter und Weltkugel. Neben ihm stehen Petrus und Paulus, die zur Bestätigung seiner Herrschaft die Krone berühren. Die unten positionierten Frauen sind Personifikationen der Völker, die dem Herrscher Schalen bzw. Füllhörner mit Edelsteinen präsentieren. Die Gesten nennt man „monumental", das heißt, sie gelten für alle Zeiten. – Die Bamberger Apokalypse wird in der Staatsbibliothek Bamberg in der Neuen Residenz aufbewahrt und ist – als Weltdokumentenerbe der UNESCO – von unschätzbarem Wert. Zu diesem Weltdokumentenerbe gehört beispielsweise auch Beethovens eigenhändige Partitur der Neunten Sinfonie. Die Bamberger Apokalypse wurde um das Jahr 1000 auf der Klosterinsel Reichenau im Bodensee von Mönchen geschrieben und illustriert. Nach Bamberg gelangte sie im Zuge der Gründung des Bistums Bamberg im Jahr 1007. Sie enthält insbesondere das letzte Buch der Bibel, Offenbarung des Johannes oder Apokalypse genannt. Im Zentrum stehen die Geschehnisse am Ende aller Zeiten, bei der Wiederkunft Christi. Bamberger Apokalypse, Quelle: Staatsbibliothek Bamberg, Repro Gerald Raab.

Falls es so eine Wende gab, würde Heinrich II. also doch für die allgemeine, die politische Geschichte eine große Rolle spielen.

Die Antwort war, dass mit der Herrschaft Heinrichs II.

- einerseits keine Wende einherging:
  a) Er betonte sehr die Kontinuität zu seinen Vorgängern und sogar die Verwandtschaft mit ihnen.
  b) Als Zeichen der Kontinuität wurden Petrus, Paulus, Georg und Maria als die Hauptheiligen der neu gegründeten Bischofskirche von Bamberg mit übernommen.
  c) Einen sehr intensiven Austausch pflegte Heinrich weiterhin zu seinem Lehrer, dem späteren heiliggesprochenen Bischof Wolfgang von Regensburg.
  d) Als eine Klammer von Otto III. (seinem Vorgänger) zu Kaiser Heinrich wird schließlich der heilige Bischof Ulrich von Augsburg gesehen. Mit der Verehrung dieses Heiligen soll Heinrich versucht haben, sein Königtum zu rechtfertigen, das am Anfang sehr umstritten war. Heinrich war zuerst auf große Ablehnung gestoßen, konnte sich aber schließlich durchsetzen.

- Neu ist
  a) die Art – und das stellt also eine Wende dar –, wie sich Heinrich mit der Heiligen Lanze in Verbindung brachte. Bei dieser Reliquie soll es sich um diejenige Lanze handeln, die Jesus am Kreuz in die Seite gestoßen wurde. Heinrich hatte sich die Lanze sofort nach dem Tod seines Vorgängers Otto III. mit militärischer Gewalt angeeignet. Mit ihrer Hilfe stellte er sich nun als den neuen Moses dar, was es vorher so noch nicht gegeben hatte.
  Heinrich sah sich als der „Moseskönig", als Vermittler zwischen Gott und seinem Volk am Ende der Zeiten.
  b) auch, wie Heinrich sich als eine Art Bischof in die kirchliche Ordnung und Hierarchie der Kirche eingliederte. So gab er dem Mainzer Bischof Willigis seine hohe Stellung im Reich zurück, zum Beispiel seine Aufgabe, den neuen König zu salben. Dies untermauerte den Ruf Heinrichs als „Kollege der Bischöfe und Bruder der Mönche".

An der Adamspforte, dem südöstlichen Eingang zum Bamberger Dom, finden sich die Figuren der Heiligen Stephanus, Kunigunde, Heinrich und Petrus, daneben Adam und Eva als Aktfiguren. Für den heiligen Stephanus ließ Kaiserin Kunigunde auf dem Stephansberg eine Stiftskirche erbauen. Petrus war der erste Patron des Kaiserdomes. Die lebensgroßen Figuren aus dem Schilfsandstein des Steigerwalds schufen um 1235 Künstler aus Reims.

c) ebenfalls der Herrschaftsstil. Heinrich II. legte in seiner Machtausübung jedoch eine unübliche Rigorosität an den Tag: Mitleid und Milde, bis dahin wichtige Tugenden der Herrscher, wichen bei ihm der Strenge, Unbarmherzigkeit, Härte und Grausamkeit bis hin zur Willkür. Die Königsherrschaft beispielsweise riss er mit kriegerischer Gewalt an sich, indem er den Beerdigungszug seines Vorgängers überfiel und sich die Reichsinsignien (Krone, Reichsapfel, heilige Lanze usw.) aneignete.

Auch andere gewalttätige Machtausübungen wurden bekannt. Heinrich II. hatte anscheinend große Angst vor irgendeiner Teilung des Reiches und wollte zeit seines Lebens möglichst überall Präsenz zeigen, und zwar in Form von längeren Aufenthalten. Eine mittelalterliche Herrschaft zeichnete sich ohnehin grundsätzlich dadurch aus, mit einem Geleit durch das Reich von Königspfalz zu Königspfalz zu reiten, dort Urkunden auszufertigen und durch verschiedene Entscheidungen Macht auszuüben – wenn nicht gerade einmal, vielleicht sogar außerhalb des Reiches, ein Krieg zu führen war.

Heinrich müsste also eigentlich als „Heinrich der Strenge" bezeichnet werden, wenn nicht sogar als ein selbstherrlicher Ideologe, der sich sicher war, dass er im Namen Gottes handeln und diesem Auftrag alles unterordnen müsse – notfalls auch mit Gewalt.

Von modernen Herrschern dieser Art unterscheiden ihn sein tiefer Glaube, seine Bildung, seine Kunstsinnigkeit, seine zahlreichen Stiftungen und auch Friedensschlüsse sowie nicht zuletzt sicher seine Liebe – zu seiner Gemahlin Kunigunde und eben zu seiner „einziggeliebten Stadt" Bamberg.

Die Darstellung der Krönung Heinrichs II. entstammt dem sog. Regensburger Sakramentar – der Name bezieht sich darauf, dass dieses liturgische Buch im Auftrag des Königs (des späteren Kaisers) in Regensburg geschaffen wurde. Sinnfällig zeigt das Bild das mittelalterliche Herrscherverständnis „von Gottes Gnaden", denn Jesus selbst setzt Heinrich die Krone auf. Engel halten (links) die Heilige Lanze, die vom Blut Christi getränkt sein soll, und das umwickelte Reichsschwert. Links stützt Sankt Emmeram von Regensburg, rechts der heilige Ulrich von Augsburg den Gekrönten, wie auch Moses im Buch Exodus in der Schlacht gegen die Amalekiter gestützt werden musste. Das Sakramentar gehört zu den bedeutendsten Werken der ottonischen Buchkunst und befindet sich heute in der Bayerischen Staatsbibliothek in München. Quelle: Bayerische Staatsbibliothek München, Clm 4456, https://www.digitale-sammlungen.de/de/view/bsb00050763?page=24.

Reichsidee

Das Reich hieß seit dem 10. Jahrhundert bis 1806 das „Heilige Römische Reich", seit dem Ende des 15. Jahrhunderts mit dem Zusatz „Deutscher Nation". Die römisch-deutschen Könige bzw. Kaiser hatten den Anspruch, nach dem Willen Gottes universale Herren über die gesamte Christenheit und Nachfolger der römischen Kaiser zu sein. Der König und spätere Kaiser Heinrich II. benutzte für seine Herrschaft das Motto „Renovatio regni Francorum", also Wiederherstellung der Herrschaft der „Franken". Ihm war für das Gebiet nördlich der Alpen wieder die Überwindung der Stammesstrukturen im Sinne Karls des Großen wichtig. Der Gedanke an Rom war bei ihm nicht so sehr im Vordergrund wie bei den Ottonen, insbesondere bei Otto III.

Im Perikopenbuch Heinrichs II. wird oben Jesus am Kreuz gezeigt. Ein römischer Soldat sticht ihn in die Seite, von rechts wird ihm ein Essigschwamm gegen den Durst gereicht. Links und rechts klagen Maria und Johannes. Unten sieht man, wie Jesus vor den Hohen Rat gezerrt wird, wo der Hohepriester sein Gewand einreißt, da es unrein geworden war. Denn Jesus hatte sich in seiner Anwesenheit als den „Sohn des Allerhöchsten" bezeichnet. – Das Perikopenbuch, eine Sammlung von knapp 200 Abschnitten aus den Evangelien, entstanden auf der Klosterinsel Reichenau im Bodensee, zählt zu den bedeutendsten Kunstwerken der Menschheit und wurde um 1010 von Heinrich II. in Auftrag gegeben. Quelle: Bayerische Staatsbibliothek München, Clm 4452, https://www.digitale-sammlungen.de/en/view/bsb00087481?page=218,219.

Relief-Bildnis der heiligen Kunigunde am Hochgrab für das heilige Kaiserpaar: Die Gemahlin Kaiser Heinrichs hat die Kirche Sankt Stephan gestiftet und bezahlt nun die Bauleute. Einer von ihnen hat sich immer zu viel Lohn genommen – in der Anwesenheit Kunigundes erglüht nun die Münze in seiner Hand. Das Hochgrab schuf Tilman Riemenschneider 1499–1513. Er gehörte neben Veit Stoß, Adam Kraft, Peter Vischer und Michael Pacher zu den bedeutendsten Bildschnitzern der Gotik.

Holzgeschnitztes Relief der heiligen Kaiserin Kunigunde am westlichen Chorgestühl im Bamberger Dom. Die sitzende Kaiserin präsentiert die von ihr gestiftete Kirche Sankt Stephan. Daneben eine gekrönte Jungfrau mit Konsolfigur darunter. – Die Schnitzwerke im westlichen Chorgestühl stammen aus der Schule der Parler-Familie, die am Ende des 14. Jahrhunderts zu den bedeutendsten Künstlern der Gotik zählte.

Quāobrem in arcē vrbis se cōtulit. Et aliquādiu regis obsidionē ptulit. difficilis expugnatio loci videba
tur. Ob quā rem ad dolos recursum ē. Hatto eps magūtinus minister sceleris inuentus ē. Qui ꝓfectꝰ ad
albertū litis arbitrū se dixit. Rogauitq; albertū. vt ad impatorē in castra descenderet. q2 vel pacē ei daret.
vel in arcē reduceret incolumē. credidit albertus. accepta iurisiurādi religione. Albertus aūt comes deinde
recepta fide ꝛ ꝓmissione battonis archiepi. cū eo pgens a castro suo. Vix aūt arces egressi tū hatto vereor
inquit. ne diu apud impatorē morari oporteat. Vtiliꝰ fortassis cōsiliū erit. prius sumpsisse cibū. Lauda-
uit albertus verba psulis. Et in castellū rediens. battoni prandiū dedit. nulla alia securitate ab epo reqsita
quo sumpto ad impatorē cū eo prexit. vbi mox captꝰ. ꝛ capitali sentētia dānatꝰ. cōdemnatꝰ monet archie-
piscopū de facta securitatis sue ꝓmissione. Rndit pax religiosus eps. se fidei et ꝓmissioni satisfecisse. ipm
q; a castro egressum. incolumē sel' in castrū suū reduxisse. Cū ad prādiū introiuit. bis reducere nō promisis-
se. Infelix Albertꝰ gladio obtrūcatꝰ ē. Meliꝰ romani q pari fraude vsi vnū ex captiuis ab hānibale romā
missis. vinctū rmisere. pdia q albertꝰ hūit ipso postea cessert. otto vo. iij. ipator pdia pleraq; diuo heinri-
co tradidit vt in puileglo eius scribitur. Nouerint oēs xpi fideles qualiter nos obinteruētum dilectissime

Das Bild zeigt eine spätmittelalterliche Ansicht von Bamberg nach der Beschreibung des Historikers Hartmann Schedel aus dem Jahr 1493. Den illustrierenden Holzschnitt entwarf Michael Wolgemut, der Lehrmeister Albrecht Dürers. Die Stadt ist nach Osten hin ummauert, davor liegt ein Wassergraben an der heutigen Promenade. Die Altenburg im Hintergrund

hys sequentibus canit.
Bauaricus fluuius vulgo radiantia dictus
Norica rura fouens. varieꝗ vagãdo relictꝰ
Montis pauonis. vrbis amena colit
Nomīe vulgato mons babēberga vocatur
Flumine crassatur. vicinaꝗ terra rigatur
Ponsꝗ supstratꝰ. cingit vtrūꝗ latus
Urbs laudāda nimis mōt| sbcrescit ab imis
Indeꝗ sblimis fit turribus in situ primis
Montis ab vrbe tñ culmina clerus habet
Agmine muroꝝ series pcincta domoꝝ
Exclusis laicis. munitio fit dominoꝝ.
Ecclesie forma. mōtis caput auget ꝛ ornat
Mons pauonis hꝫ colles sibi collaterales
Tres qsi cōsiles. vrbis quoꝗ principales

Ipse nitēs mediꝰ. pemīnet absꝗ pari
Pulcrior illoꝝ loca maxima dat monacoꝝ
Templaꝗ multoꝝ relīqt dant canonicoꝝ
Quarta ps fluuio pbet vtrūꝗ forum
In crucis q̄ modū. posuit sibi pauo colonū
Stat medius petrꝰ. stephanꝰ| sibi dexter hr̄
Uertice stat Jacobus. leua michael retinet
Fertꝗ secus fluuiū. virgo maria decus
Cesaris heinrici sancti cognomine claudi |
Hec ꝛ maiora multa fuere bona
Cuius ꝛ ossa bona sunt ad miracula prona
Hoc opus hec dona sua ꝯtulit alma corona
Me vocat historia pauo beate vale.

links erscheint als ein gut ausgebautes Burg-Schloss, darunter im Tal erhebt sich links ein Wachtturm, dann folgen am augenfälligsten die Kirchen St. Stephan, St. Theodor (Karmelitenkloster), Obere Pfarre, Dom, St. Michael und Alt-Sankt Martin. Quelle: Bayerische Staatsbibliothek München, https://www.digitale-sammlungen.de/de/view/bsb00034024?page=422,423.

Zeittafel

6. Mai **973**	Geburt Heinrichs als Sohn von Heinrich „dem Zänker", dem Herzog von Bayern; Großvater ist Heinrich I., Bruder von Kaiser Otto I. dem Großen; Heinrichs Geburtsort wahrscheinlich im heutigen Bad Abbach bei Regensburg
978–985	Erziehung bei Bischof Abraham von Freising und an der Hildesheimer Domschule
um **980**	Geburt Kunigundes von Luxemburg
985–990	Erziehung bei Bischof Wolfgang (1052 heiliggesprochen) von Regensburg
995	Herzog von Bayern
um 1000	Heirat von Heinrich und Kunigunde; Kunigunde erhält Bamberg als Morgengabe
1002	Kaiser Otto III. stirbt in Italien; Heinrich überfällt den Leichenzug in Bayern, nimmt Reichskrone, heilige Lanze usw. an sich
7. Juni **1002**	Salbung und Krönung Heinrichs in Mainz; 10. August: Salbung und Krönung Kunigundes in Paderborn; Herzog Hermann II. von Schwaben unterwirft sich
1002	Hoftag und Reichssynode in Diedenhofen: Regierungsprogramm
1003	Bündnis mit den Liutizen; Niederwerfung Markgraf Heinrichs von Schweinfurt

Blick von einem Turm des ehemaligen Klosters Michaelsberg auf den Domberg und Teile der Altstadt. Im Vordergrund befinden sich die lang gestreckten Gebäude einer Orangerie, die man gut vom Tal aus erkennen kann. Davor liegt ein historischer, vor einigen Jahren neu bepflanzter Weingarten. Den Wein und andere Erzeugnisse kann man in verschiedenen Läden Bambergs erwerben, unter anderem im Michaelsberger Klosterladen. Am Horizont erstrecken sich die Wälder des Fränkischen Jura, hier „Fränkische Schweiz" genannt, da an manchen Stellen schroffe Felsformationen zum Vorschein kommen.

1004	Krönung zum König von Italien in Pavia; Kriegszug gegen Herzog Boleslaw Chrobry von Polen mit Abschluss eines Friedens in Posen durch Erzbischof Tagino von Magdeburg

Das Bild zeigt eine Szene in der sog. Alten Hofhaltung am Domplatz, direkt neben dem Dom und gegenüber der Neuen Residenz, die im Hintergrund und durch das Tor erkennbar ist. Die Alte Hofhaltung war die ursprüngliche Residenz des Fürstbischofs und Königspfalz. Heute beherbergt sie das Historische Museum der Stadt Bamberg (Eingang von hier aus rechts). Die Gebäude links vom Tor stammen mindestens aus der Zeit der Bistumsgründung (1007). Unter der Holztreppe befindet sich der Eingang zu einer romanischen Thomaskapelle, die wie eine Krypta wirkt. Darüber erhebt sich die ebenfalls romanische bzw. frühgotische Katharinenkapelle mit ansprechend gestalteten Würfelkapitellen. Nach der Theorie eines Heimatforschers handelt es sich bei der Doppelkapelle um die „Hohe Wart", das heißt den Rest eines Turmes, der einst das Zentrum der frühesten befestigten Siedlung auf dem Domberg darstellte.

1006	Übergabe der Stadt Basel; Freundschaftsbündnis mit König Robert II. von Frankreich
1. November 1007	Gründung des Bistums Bamberg auf Synode in Frankfurt; es erhält in der Folge zahlreiche Schenkungen (Grundherrschaften, Orte, Rechte) im ganzen Reich, bis ins heutige Italien; weitere Stiftungen in und für Bamberg
1010	Kriegszug gegen Polen

Feier des Heinrichs-Festes auf dem Domplatz in Bamberg, vor dem Eingang der Alten Hofhaltung.

um 1010	Heinrich gibt bedeutende Buchmalereien in Auftrag, die in einem Kloster auf der Insel Reichenau im Bodensee entstehen, heute Weltdokumentenerbe (Perikopenbuch, Bamberger Apokalypse u. a.)
6. Mai 1012	Weihe des ersten Bamberger Doms, des sog. „Heinrichsdoms" (nach Bränden entstand um 1200 der heutige Dom, Reste des Heinrichsdoms noch in den Krypten erkennbar)
1013	Heinrich erkrankt für lange Zeit an einem Steinleiden
1013	Friedensschluss mit Herzog Boleslaw Chrobry von Polen; Aufbruch mit dem Heer nach Italien
14. Februar 1014	Kaiserkrönung Kaiser Heinrichs und Kunigundes in Rom; zweiter Italienzug
1015	Unterwerfung der luxemburgischen Verwandtschaft; Gründung des Klosters Michaelsberg auf Initiative des Kaisers, zahlreiche Schenkungen
1017	Gründung des Klosters Kaufungen; Kunigunde erkrankt schwer
1020	Besuch von Papst Benedikt VIII. zu Ostern in Bamberg
1021–1023	Dritter Italienzug (Süditalien, Montecassino, dann auch Cluny in Frankreich)

Historische Pferdetränke in der Alten Hofhaltung neben dem Bamberger Dom, mit einem Domturm im Hintergrund.

1023	Ausstellung der „Wildbannurkunde": Der Bischof von Würzburg erhält zum Ausgleich von Gebieten, die er abtreten musste, das Recht auf die „Hohe Jagd" im Steigerwald
13. Juli 1024	Tod Kaiser Heinrichs II. in der Pfalz Grone bei Göttingen; Konrad II. zum neuen König gewählt
1025	Eintritt Kunigundes ins Kloster Kaufungen
3. März 1033	Tod Kunigundes in Kaufungen
12. März 1146	Heiligsprechung Kaiser Heinrichs II.; der Bamberger Bischof Suidger wird zum Papst ernannt und nimmt den Namen Clemens II. an. Er verstirbt bereits am 9. Oktober 1047 und wird in Bamberg begraben
29. März 1200	Heiligsprechung der Kaiserin Kunigunde; Heinrich und Kunigunde sind somit das einzige heilige Kaiserpaar des deutschen Mittelalters; Neubau des Doms
6. Mai 1237	Am Geburtstag von Kaiser Heinrich Weihe des neuen Doms (Geschichte des Baus und der Kunstwerke siehe eigene Übersicht)

Der romantische Aufgang zur historischen Katharinenkapelle in der Alten Hofhaltung neben dem Dom wirkt wie gemacht für die Balkonszene eines Liebespaares – und wird tatsächlich manchmal in dieser Weise genutzt. Im Erdgeschoss befindet sich der Zugang zur Thomaskapelle. In der Katharinenkapelle lassen sich Brautpaare gerne trauen.

Das Leben des heiligen Kaiserpaars Heinrich und Kunigunde in den wichtigsten Stationen

1. Geburt und Erziehung Heinrichs

Heinrich, der später zum König und zum Kaiser gekrönt werden sollte, wurde am **6. Mai 973** geboren. Geburtsort war wahrscheinlich die Burg auf dem Schlossberg im heutigen **Bad Abbach**, etwa elf Kilometer südlich von Regensburg über der Donau. Das berichtet jedenfalls der bayerische Hofhistoriograf Aventinus im 16. Jahrhundert.

Über geistige Fragen diskutierende Propheten an den Chorschranken im Dom.

Sein **Vater** war Heinrich, der Herzog von Bayern, auch der **„Zänker"** genannt, weil er sich besonders eifrig bemüht hatte, deutscher König zu werden. Das war jedoch nur seinem Großvater Heinrich I., dem König des Ostfrankenreiches, gelungen. Von ihm ging das Königtum an seine Söhne Otto I., den II. und den III., die jeweils die Kaiserwürde erlangten.

Heinrich also, der Sohn des Zänkers und der **Gisela von Burgund**, konnte nicht unbedingt mit der Königswürde rechnen. Er wurde zuerst bei Bischof

Der weise König Salomon (links) und König David (rechts) auf dem westlichen Chorgestühl im Bamberger Dom.

Abraham von **Freising** und dann an der **Hildesheimer** Domschule erzogen und gebildet. Um 980 war er zeitweise für eine Laufbahn als Geistlicher bestimmt. Als zwei- bis dreijähriger Knabe muss Heinrich schon einmal in Bamberg gewesen sein und den Ort kennen und lieben gelernt haben, wie er es später selbst bezeugte.

Zwischen 985 und 990 wurde er vom später heiliggesprochenen Bischof **Wolfgang** von Regensburg erzogen. Wolfgang ist unter anderem als Patron vieler Kirchen berühmt geworden. Auch der beliebte Ferienort Sankt Wolfgang am Wolfgangsee im Salzkammergut in Oberösterreich ist nach ihm benannt. In der dortigen Wallfahrtskirche erhebt sich der kunstgeschichtlich wertvolle Pacher-Altar; die spätgotischen Gemälde und Schnitzwerke des Tiroler Künstlers Michael Pacher entstanden in den Jahren 1471–1479 und zeigen auch den heiligen Wolfgang. Am bekanntesten ist Sankt Wolfgang freilich durch die Verfilmung der Operette „Im Weißen Rößl" mit Peter Alexander aus dem Jahr 1960.

Während seiner hervorragenden Ausbildung wurde Heinrich in die damals am meisten geachteten Fachwissenschaften eingewiesen: Rhetorik, Grammatik und Kirchenrecht. Im Vordergrund stand die Theologie. Auf diesem Gebiet lernte er von Bischof Wolfgang viel über die angemessene, letztlich von Gott gewollte Lebensführung kennen. Nach Wolfgangs Meinung sollte vor allem das klösterliche Leben in den Benediktinerklöstern

Fensterrose der ehemaligen Zisterzienser-Klosterkirche Ebrach

asketischer gestaltet werden, was zum Beispiel die strenge Einhaltung der Gebets- und Fastenzeiten betrifft. Zu seinem Leidwesen stieß Wolfgang bei seinen Bestrebungen auf heftigen Widerstand der Nonnen und Mönche. Am Ende des 11. Jahrhunderts ist aus dem Orden der Benediktiner der Zisterzienserorden mit strengerer Lebensführung hervorgegangen, wobei das erste rechtsrheinische Zisterzienserkloster, das Kloster Ebrach, 1127 etwa 30 Kilometer südwestlich von Bamberg im Steigerwald gegründet wurde.

2. Heinrichs Ringen um das Königtum

995 erbte Heinrich von seinem verstorbenen Vater das **Herzogtum Bayern** und **heiratete** um das Jahr **1000 Kunigunde von Luxemburg**. Als **Morgengabe** erhielt sie von ihm die „Stadt" bzw. die Burg **Bamberg** mit den zugehörigen Besitzungen, die Otto II. an Heinrichs Vater geschenkt hatte, um ihn zu befrieden.

Mit Kunigunde fühlte sich Heinrich während ihrer Ehe offensichtlich eng verbunden, denn sie nahmen ihre Herrschaftspflichten gemeinsam wahr. Das Herrschergeschlecht der Luxemburger, dem Kunigunde angehörte, war im Reich nicht unbedeutend und stand der Klosterreform, wie sie Wolfgang, Heinrich und später die Zisterzienser im Sinne hatten, recht nahe. Die Luxemburger verfügten über wichtige Besitzungen und lebten wahrscheinlich in der traditionsreichen Römermetropole Trier, wo die Kunst

(Goldschmiede, Buchmalerei, Elfenbeinschnitzerei) eine enorme Blüte erlebte. Kunigunde hatte insgesamt elf Geschwister und wurde überdurchschnittlich gebildet.

Als **Kaiser Otto III. 1002 in Italien starb**, sollte er seinem Wunsch gemäß nach Aachen überführt und dort bestattet werden. Von da an kämpfte Heinrich um das Königtum, von dem er meinte, es stehe ihm nun zu, da bisher immer nur seine Verwandtschaft – von Otto I. bis Otto III. – diese Würde innehatte.

Als der **Leichenzug** mit Otto III. auf dem Weg nach Aachen durch Heinrichs Herzogtum Bayern kam, **überfiel** er ihn bei Polling mit seinen Leuten und nahm die **Reichsinsignien**, vor allem die Krone, an sich. Nur die heilige Lanze, die das Blut Christi berührt haben soll, bekam er erst nach einer Geiselnahme, weil man sie wohlweislich vorausgeschickt hatte. Der drohende, gewalttätige Regierungsstil Heinrichs war also gleich zu erkennen.

Wer die Reichsinsignien besaß, der war dem Königtum nach mittelalterlichem Glauben schon einen entscheidenden Schritt näher. Nun fehlten als äußerliche Amtseinsetzung im Grunde nur noch die Salbung und Krönung zum König. Der standen allerdings noch weitere Bewerber um den Thron

Im Nürnberger Heilig-Geist-Spital wurden die Reichsinsignien vom 15. bis 18. Jh. aufbewahrt.

entgegen, insbesondere in Sachsen. Einige hochrangige sächsische Adlige trafen sich in Frohse bei Magdeburg, um einen eigenen Kandidaten aus ihren Reihen vorzuschlagen. Ekkehard von Meißen meldete beispielsweise seine Wünsche an, wurde von der Versammlung jedoch nicht gleich akzeptiert. Man vertagte sich auf ein neues Treffen in Werla im Vorland des Harz. Diese Verzögerung nutzte Heinrich aus, um Fürsprecher zu finden, die ihn in Werla unterstützen sollten. Mit Erfolg: Aufgrund von Versprechen, dass sie reichen Lohn bekämen, erhielt Heinrich die Mehrheit der Stimmen. Ekkehard von Meißen zeigte später rüpelhaftes Verhalten an einer Festtafel und wurde daraufhin von sächsischen Adeligen erschlagen.

Die Bamberger galten seit jeher als erfahrene Bauern, Gärtner und Häcker (Weinbauern). Hier: Gärten westlich des Dombergs.

Als weiterer Kandidat für den Thron bewarb sich Hermann II. von Schwaben. Diesen schlug Heinrich aus dem Feld, indem er sich schnell nach Mainz durchkämpfte, wo am **7. Juni 1002** der dafür zuständige Erzbischof Willigis den Bayernherzog zum **König krönte und salbte**. Am **10. August** wurde **Kunigunde** in Paderborn gekrönt. Daraufhin unterwarf sich der Herzog Hermann II. von Schwaben dem neuen König, sodass sich Heinrich als König trotz schwerer Bedenken anderer Reichsfürsten erst einmal durchgesetzt hatte. Sie sahen nämlich, dass er nicht ganz gesund und kinderlos war, außerdem fanden sie seine Aktion in Polling zu skrupellos.

Heftig waren allerdings die **Auseinandersetzungen** Heinrichs mit dem Markgrafen von Schweinfurt, der gehofft hatte, Herzog von Bayern zu werden. Heinrich nahm ihn gefangen, und nach seiner Freilassung ein knappes Jahr später war seine Macht gebrochen. Viele Reichsämter und Reichslehen wurden ihm weggenommen. Das hielten viele Adlige für unmäßig hart, zumal sich Heinrich nicht an früher gegebene Zusagen gehalten haben soll. Aber nun fühlte er sich ja als König von Gottes Gnaden und meinte, dass andere Maßstäbe für ihn gälten, als sie vorher im politischen Geschäft üblich waren.

Sogar gegen seine Schwäger aus dem Hause Luxemburg ging Heinrich hart vor, wenn sie sich seiner Meinung nach zu eigenwillig verhielten und etwa Ämter ohne Billigung des Königs besetzten. Adalbero, ein Bruder Kunigundes, war beispielsweise 1008 ohne Heinrichs Zustimmung zum Erzbischof von Trier erhoben worden. Daraufhin belagerte der König die Grafenfamilie 16 Wochen lang, sodass sie Hunger leiden mussten. Als sich Kunigundes Bruder Heinrich, inzwischen Herzog von Bayern, für die Familie einsetzen wollte, wurde er sofort abgesetzt.

In einer Auseinandersetzung mit dem lothringischen Pfalzgrafen Ezzo musste Heinrich einmal einlenken und dessen Erbansprüche anerkennen, denn die sehr mächtigen Adelsgeschlechter im Westen des Reiches hatten sich gegen den König aufgestellt.

In Zukunft achtete der Herrscher genau darauf, dass nicht einzelne Adelsfamilien oder ihre Oberhäupter zu mächtig wurden. Otto von Hammerstein etwa hatte mehrere Grafschaften unter sich, außerdem war seine Gemahlin im östlichen Franken sehr begütert. Deshalb forderte Heinrich die Auflösung der Ehe, indem er behauptete, die beiden seien zu nahe verwandt, was aber keine wirkliche Grundlage hatte. Im weiteren Verlauf des

Streits belagerte Heinrich die Stammburg Hammerstein, sodass das Ehepaar schließlich aufgeben musste. Zahlreiche von ihren Besitzungen kamen an das Bistum Bamberg.

Insgesamt war Heinrichs Königszeit geprägt von großen Problemen mit dem Adel im Deutschen Reich und mit **Boleslaw Chrobry**, dem Herzog von Polen. Mit ihm gab es ständig kriegerische Auseinandersetzungen, auch zwischendurch Friedensschlüsse, aber nie einen siegreichen Abschluss für Heinrich. Bei seinem zweiten Polenzug etwa wurde 1005 eine Friedensvereinbarung in Posen ausgehandelt, die aber nur fünf Jahre überdauerte. Posen spielte übrigens für die Geschichte Bambergs auch später noch eine wichtige Rolle: Im 18. Jahrhundert siedelten Bauern aus dem Umkreis der Stadt im bevölkerungsarm gewordenen Posener Land, um es zu bewirtschaften. Im Jahre 1800 ging E. T. A. Hoffmann nach Posen, wo er auch seine spätere Frau Michalina kennenlernte. Im Jahre 1808 kam Hoffmann dann für fünf Jahre nach Bamberg. Noch heute werden partnerschaftliche (offizielle und ganz private) Beziehungen zwischen Bamberg und Posen gepflegt.

Ein Friedensschluss konnte noch einmal 1018 in Bautzen erwirkt werden, ohne dass sich der Polenherzog aber endgültig unterwarf. Letztlich führte es dazu, dass Polen sich als eigenständiges christliches Reich etablierte – ein Ärgernis für Heinrich, der doch König aller christlichen Völker sein wollte und sich von Gott dazu berufen sah.

Mit dem Polenherzog, vielen Adeligen im Reich sowie den Verhältnissen in Italien (siehe unten: Italien-Feldzüge) hatte Heinrich große Schwierigkeiten. Anders sah es aus mit König Rudolf III. von Burgund, der den deutschen König 1006 zu seinem Erben erklärte – weshalb die Bamberger gern nach Burgund reisen. Im selben Jahr wurde die Stadt Basel an Heinrich übergeben, und an der Maas fand ein Treffen statt mit dem König Robert II., wobei ein Freundschaftsbündnis geschlossen wurde.

An Allerheiligen, dem 1. November 1007, gelang Heinrich, damals noch König, die Erfüllung einer Herzensangelegenheit, nämlich die **Gründung des Bistums Bamberg**. Sie war von langer Hand vorbereitet: Kurz nach seiner Krönung ließ Heinrich einen Dombau auf dem „heiligen Hügel" in Bamberg beginnen, mit Anklängen an den römischen Petersdom. Und sogleich ergingen erste Schenkungen an die Kirche von Bamberg. An Pfingsten 1007 wurden dann die ersten Bischöfe in die Pläne eingeweiht und ein

Ruine einer Kunigundenkapelle am Kunigundenweg, der zu zahlreichen Besitzungen des Hochstifts Bamberg führte.

Blick auf das ehemalige Kloster Michaelsberg links oben.

Gesandter nach Rom geschickt. Solch eine Bistumsgründung war damals die beste Möglichkeit, wenn man als kinderloses Paar etwas Bleibendes hinterlassen, also möglichst für immer in Erinnerung bleiben wollte – was Heinrich und Kunigunde gelungen ist. Viele Großen des Reiches waren schließlich zum Reichstag am Allerheiligentag, dem 1. November 1007, in Frankfurt versammelt, wo die Gründung stattfinden sollte. 35 Bischöfe und Erzbischöfe waren gekommen, außer dem Würzburger Oberhirten, der nur seinen Kapellan schickte, weil er im Grunde nicht einverstanden war. Er musste für Bamberg größere Gebiete abtreten. Es gab heftige Diskussionen, ob das Bistum wirklich gegründet werden sollte. Letztlich musste sich Heinrich vor der Versammlung niederwerfen, um die Zustimmung zu erreichen, die ihm schließlich gewährt wurde.

Ein weiterer Höhepunkt war für Heinrich und Kunigunde die überaus feierliche **Domweihe** in Bamberg am 6. Mai 1012, dem Geburtstag des Königs. 45 Bischöfe und Erzbischöfe waren anwesend, viele kamen auch aus dem Ausland, etwa der Patriarch von Aquilea. Seit diesem Zeitpunkt erhielten die

Kirche von Bamberg sowie die in der Stadt gegründeten **Stifte**, etwa das seit 1015 bestehende Kloster **Sankt Michael**, zahlreiche **Schenkungen** in Form von wertvollen **Kunstwerken** bzw. **Gütern** im ganzen Reich, die später zum sog. **Hochstift** gehörten. Das Kloster Michaelsberg wurde als Benediktinerabtei auf dem Berg im Norden vom Domberg erbaut, die Abteikirche erhielt zwei Türme. Auslöser soll der Legende nach eine Erscheinung gewesen sein, die Heinrich in Apulien auf dem Monte Sant'Angelo vom Erzengel Michael gehabt habe. Zu seinen besten Zeiten verfügte das Kloster Michaelsberg über 400 Besitzungen in der ganzen Südhälfte des Reiches. Im Michaelsberg arbeitete auch ein berühmt gewordener Mönch, der Theologe, Philosoph und Historiker Frutolf (gestorben 1103), der eine vorbildliche Weltchronik

Dächerlandschaft vom Rosengarten der Neuen Residenz am Domplatz.

verfasste. Die Handschrift ist im Internet einsehbar, als gedrucktes Buch ist das Werk bisweilen antiquarisch zu erwerben. In der Säkularisation 1802 wurde das Kloster aufgehoben und mit der Zeit in eine Stiftung überführt, die heute von einem Referenten der Stadt Bamberg weitsichtig geleitet wird. Man bemüht sich, die Gebäude mit Millionensummen zu erhalten und die immer noch zugehörigen Wälder, Felder und Teiche vorbildlich zu pflegen. Das Ergebnis überzeugt vor allem dann, wenn man vom Kloster aus in die Landschaft und den höher gelegenen Wald wandert.

Bedeutende Stifte findet man auch auf dem Stephansberg südlich des Dombergs und auf dem Jakobsberg, zwischen dem Dom und dem Michaelsberg gelegen. Auf dem Kaulberg ragt die eintürmige Obere Pfarrkirche

Domherrenhof „Elisabeth-Curie", wo einst die heilige Elisabeth gewohnt haben soll.

Der Arzt bei der Heilung des Steinleidens des Kaisers, Kaisergrab im Bamberger Dom.

zwischen Dom und Stephansberg empor, westlich erhebt sich zudem die Karmelitenkirche mit zugehörigem Kloster, die gerade umgebaut wird. Im Tal liegt noch das ehemalige Stift Sankt Gangolf, und in der Fußgängerzone die ehemalige Jesuitenkirche, heute Sankt Martin. Weitere Kirchen und Kapellen schmücken zusätzlich das Stadtbild.

Auf diese Weise verfügte die Stadt – die sich erst mit der Zeit zu einer solchen entwickelte – über genügend höhere Geistliche, die bei Festlichkeiten repräsentieren konnten. Die Domherren in ihren Höfen im Bezirk der Kathedrale hatten Gebäude, „Curien" genannt, die an eigene Burgen bzw. Schlösser erinnerten – und heute noch so aussehen: mit Brunnen, Laubengängen und teilweise mit Türmen. Weil Heinrich sich so auf Rom bezog, wurde dieser Bereich schon der „Fränkische Vatikan" und Bamberg das „Fränkische Rom" genannt.

1023 schenkte Heinrich dem Bischof von Würzburg, der wegen der Bistumsgründung Gebiete an Bamberg hatte abtreten müssen, den **„Wildbann"** im Steigerwald, das heißt das Recht auf die Hohe Jagd in diesem Gebiet. In der entsprechenden Urkunde wurden viele Orte erstmals erwähnt, unter anderen Burgebrach, die 2023 ihre Tausendjahrfeier hatten.

Am Sonntag, dem 14. Februar 1014, wurde das Königspaar Heinrich und Kunigunde schließlich von Papst Benedikt VIII. in Rom zu **Kaiser und Kaiserin** gekrönt, nach einem ersten unterstützenden Italienzug 1004. 1014 und 1021–22 folgten weitere Italienzüge.

Westkrypta im Bamberger Dom, mit Resten des ursprünglichen Doms von 1012 und Grabmälern.

Zu Ostern 1020 sah die Stadt Bamberg das damals **größte denkbare Fest der Welt**: Kaiser und Papst, der eigens über die Alpen heraufgekommen war, weilten gemeinsam in Bamberg. Vier Chöre begrüßten den Papst.

Die vielen Kriege und Reichsumritte zehrten jedoch an den Kräften des Kaisers, der wahrscheinlich schon länger an einem „Steinleiden" erkrankt und deswegen wohl zeugungsunfähig war. Am 13. Juli 1024 **starb** er in der Pfalz Grone bei Göttingen, in Anwesenheit seiner Gemahlin Kunigunde. Sie erhielt von ihm in seiner Todesstunde die Reichsinsignien überreicht. **Sein Leichnam wurde später in den Bamberger Dom überführt und dort begraben.**

Kunigunde führte zuerst die Reichsgeschäfte federführend weiter, aber schon am 4. September 1024 wurde Konrad II. zum neuen König gewählt. Kunigunde wurde **Nonne** im Kloster Kaufungen. Wahrscheinlich starb sie am 3. März 1033 und wurde an der Seite ihres Mannes im Bamberger Dom begraben.

Am 12. März 1146 wurde Heinrich II. von Papst Eugen III. **heiliggesprochen**, weil er sich so intensiv für den Papst und die Kirche eingesetzt hatte. In der Tat herrschte zu Heinrichs Zeiten noch weitgehende Harmonie zwischen Papst und Kaiser. Bald danach war es aber damit vorbei, und der Investiturstreit flammte auf, d. h. die Auseinandersetzung darüber, wer die Bischofsstellen besetzen durfte („Amts-Einkleidung" = Investitur). Der Höhepunkt des Streits war 1076/77, als der deutsche König Heinrich IV. seinen sprichwörtlich gewordenen Gang nach Canossa zum Papst antreten musste, um sich mit diesem wieder zu versöhnen.

Kunigunde wurde am 29. März 1200 durch Papst Innozenz III. heiliggesprochen – bei Heinrich und Kunigunde handelt es sich um das einzige heilige Kaiserpaar des Mittelalters.

Michaelskapelle im ehemaligen Zisterzienserkloster Ebrach. Die Bauleute von dort wirkten auch am Westchor des Bamberger Doms mit.

Geschichten von Antinomien, Affären und Amouren

Darstellung der Kardinaltugend der Gerechtigkeit am Papstgrab im Westchor des Bamberger Doms. Die kunstgeschichtliche Zuordnung der klassisch-antik anmutenden Reliefs ist rätselhaft.

Bei gelungenen Beziehungen setzen Außenstehende gemeinhin Harmonie voraus. Das stimme jedoch nicht, schrieb einmal das Psychologenpaar Heigl-Evers: Bei solchen Beziehungen handele es sich in Wirklichkeit um „Antinomien", das heißt um das Ergebnis von Auseinandersetzungen verschiedenartiger Mitglieder innerhalb einer Einheit, die sich immer wieder neu zusammengefunden hätten.

Solche Einsichten wären Allgemeinplätze, wenn man sie nicht mit Beispielen aus den Lebenswirklichkeiten von solchen „Einheiten", von Paarbeziehungen also, veranschaulichen würde.

Das berühmteste Paar der Bamberger Geschichte waren sicherlich Heinrich und Kunigunde, das spätere heilige Kaiserpaar. Das Volk glaubte, dass es zwischen beiden nicht immer ohne Streit abging. Warum? Vielleicht weil der Kaiser selten da war und sehr häufig im Reich umherreiten musste. So sah Herrschaft damals nun einmal aus. Außerdem hatten sie keine Kinder. Vielleicht nur nicht zusammen? Oder hatte Kunigunde die eine oder andere Affäre, weil ihr Mann wohl wegen eines Steinleidens impotent war?

Ausdruck der Zweifel im Volk ist die berühmte Sage vom Gottesurteil, eine der vielen Geschichten, die sich bald um das Kaiserpaar rankten. Um ihre Unschuld zu beweisen, musste Kunigunde angeblich sogar einmal über glühende Pflugscharen gehen – was ihr unversehrt gelungen sein soll.

Eine Mutprobe, die nicht zur Nachahmung empfohlen wird. Heute tendiert man eher zur Beratung durch Paarpsychologinnen oder -psychologen. Sehr empfehlenswert ist zudem die Schrift „In guten wie in schlechten Tagen. Bamberger Paare durch die Jahrhunderte" (Heinrichs-Verlag Bamberg). Auch Führungen durch die Stadt gibt es zu diesem Thema, nachzufragen beim Tourismus & Kongress Service Bamberg.

Die Hochzeit zu Kana aus dem Evangelium als Krippenbild in der Oberen Pfarrkirche (um die Weihnachtszeit).

Heinrich und Kunigunde – verehrungswürdige Vorbilder?

Das Kaiserpaar aus heutiger Sicht

Dass Heinrich II. brutale Gewalt angewendet hat, um sich als König und Kaiser durchzusetzen, sehen viele heutige Menschen als problematisch an – bis auf diejenigen vielleicht, die sich an der Spitze des Gemeinwesens „einen starken Mann" wünschen.

Ein Demokrat war Heinrich II. sicher nicht, und sein Staatsdenken bzw. der Reichsgedanke war auch nicht christlich im heutigen Sinne, obwohl er von einem Heiligen erzogen wurde und sehr gebildet war. Der Historiker Heinrich August Winkler schrieb über das frühe Christentum: „Für die, die ‚unten' waren und ‚unten' gehalten wurden, hatte der Gedanke, daß jeder Mensch ein Ebenbild Gottes ist und darum vor Gott alle Menschen, und nicht nur die Angehörigen eines auserwählten Volkes, gleich sind, eine Selbstbewußtsein begründende und damit innerlich befreiende Kraft ... Der Gedanke der Gleichheit

Kaiser Heinrich als Brückenfigur im Bamberger Land bei Burgebrach, mit Krone, Weltkugel und Urkunde.

Kaiser Heinrich und Kunigunde als Liegefiguren auf dem Hochgrab, geschaffen 1499-1513 von Tilman Riemenschneider aus Juramarmor.

enthielt ein revolutionäres Potential" (Winkler, Geschichte des Westens, Bd. I, S. 33). So lautete die ursprüngliche Lehre Jesu, trotzdem galten auch christlichen Herrschern noch bis ins 19. Jahrhundert die „Untertanen" vielfach sogar als „Leibeigene", also als eine Art Sklaven. Winkler schreibt weiter: „Niemand hat die kulturrevolutionäre Bedeutung des Christentums so eindringlich dargelegt wie Hegel (der 1807–08 in Bamberg, unterhalb des Doms lebte) in den Vorlesungen über die Philosophie der Geschichte ... ‚Der Mensch, als endlicher für sich betrachtet, ist zugleich auch Ebenbild Gottes und Quell der Unendlichkeit in ihm selbst; er ist Selbstzweck, hat in ihm selbst unendlichen Wert und die Bestimmung zur Ewigkeit.'"

Genau so sah sich Kaiser Heinrich, der Herrscher von Gottes Gnaden am Ende der Zeiten. Wer diese Art von der Sicht des Menschen augenfällig nachvollziehen möchte, sehe sich am besten die Figur der so genannten Elisabeth an. Sie ist im nördlichen Seitenschiff aufgestellt (mit abgebrochener Hand und abgebrochenem Fuß) und scheint „in die Unendlichkeit" zu

Die Figur des berühmten Bamberger Reiters ist nicht eindeutig einer Herrscherfigur zuzuordnen. Es handelt sich wahrscheinlich nicht um Kaiser Heinrich, eher um Stephan von Ungarn. Möglicherweise haben die Meister aus Reims zu Beginn des 13. Jh. die Zuordnung bewusst offen gelassen, wie auch bei so manchen anderen Darstellungen im Bamberger Dom.

schauen. Heute ist einerseits klar, dass jeder Mensch – nicht nur ein König oder Kaiser – den „Wert in sich selbst trägt", wie es das deutsche Grundgesetz betont, andererseits haben viele die Vorstellung, Reichtum oder Prominenz mache einen zu „etwas Besserem".

Der heutige christliche Kerngedanke, dass Staatsbürgerinnen und Staatsbürger sich letztlich nur mit ihrem eigenen Gewissen vor Gott zu verantworten haben, erschien damals im Ansatz erst bei Mystikern und Mystikerinnen wie Hildegard von Bingen (1158/59 in Bamberg) und besonders bei Martin Luther (1530 im oberfränkischen Coburg). Später wurde das Gewissen zum Beispiel wieder beim Kreis um Graf Stauffenberg entscheidend, als er sein Attentat auf Hitler verübte. Er sah mit Recht den Wert vieler Menschen, vor allem der Juden, in der Nazizeit herabgesetzt. Stauffenberg lebte in Bamberg, wo er auch heiratete.

Grundsätzlich ist es freilich kaum möglich, an einen Menschen, der vor 1000 Jahren herrschte, die heutigen Maßstäbe anzulegen. Man kann Menschen von damals zum Beispiel nicht vorwerfen, einfache Soldaten nicht wie Gleichrangige behandelt zu haben – schließlich wussten diese nicht, dass das 1000 Jahre später einmal negativ gesehen werden könnte.

Und für Urteile der Gegenwart gilt sicher: „Keiner ist in seinem Urteil frei; jener, der sich den Besitz humaner Geistesfreiheit anmaßt und vermeint, völlig objektiv zu sein, wird historischen Erscheinungen, die seinem schwer definierbaren Freiheitsbegriff vermeintlich entsprechen, vor strengen Trägern der Autorität den Vorzug geben und oft den entscheidenden Anteil an Freiheit, dessen jede wahre Autorität zu ihrer Ausübung bedarf, verkennen." So der große Kulturhistoriker Carl Jacob Burckhardt.

Andererseits waren Heinrich und Kunigunde von der Überzeugung erfüllt, dass Jesus Christus der wahre, ja reale und universale Weltherrscher sei. Papst und Kaiser galten als höchste Träger kirchlicher und weltlicher Macht, die ihnen von Jesus als dem Sohn Gottes verliehen wird. Und der mittelalterliche Mensch insgesamt war im Unterschied zum heutigen, der meist eher irdischen Gütern zugeneigt ist, nach Wolfram von den Steinen der „Homo caelestis", der mehr ins „Himmlische", ins Jenseits Blickende. Dieser ist im Bamberger Dom am besten verkörpert in der bereits erwähnten Figur der Elisabeth im nördlichen Seitenschiff (links oben, mit abgebrochener Hand) und im Grabmal vom altersgebeugten Bischof von Hohenlohe (an einer Säule südlich des Volksaltars im Westchor).

Wenn die – sicher etwas vergröbernde – Analyse von Karl Heinz Bohrer zutrifft, das Vorbild der (englischen) Gesellschaft sei nicht mehr der Gentleman, sondern der Hooligan, dann wären Heinrich und Kunigunde diesen „sinnlos Feiernden" als Anreger für ein besinnliches und freudiges Gedenken mit vertiefter geistiger Auseinandersetzung auf jeden Fall als Vorbilder vorzuziehen.

Heinrich II. und Kunigunde: Weniger beachtete, aber interessante Aspekte

Weniger häufig wird erwähnt, dass Heinrich II. ein Urgroßenkel von Heinrich „dem Vogler" ist (um 876–936). Dieser stammte aus dem Adelsgeschlecht der Liudolfinger und war ab 912 Herzog von Sachsen und von 919 bis 936 König des Ostfrankenreiches. 933 konnte er die feindlichen Ungarn besiegen.

Von der legendären Geschichte seiner Berufung erzählt ein früher sehr beliebtes Volkslied:

Herr Heinrich saß am Vogelherd,
recht froh und wohlgemut,
aus tausend Perlen blinkt und blitzt
der Morgenröte Glut.
In Wies und Feld, in Wald und Au,
horch, welch ein süßer Schall!
Der Lerche Sang, der Wachtel Schlag,
die süße Nachtigall.

Herr Heinrich schaut so fröhlich drein:
Wie schön ist heut die Welt!
Was gilt's, heut gibt's 'nen guten Fang,
er schaut zum Himmelszelt.
Er lauscht und streicht sich von der Stirn
das blondgelockte Haar.
Ei doch! Was sprengt denn dort heran
für eine Reiterschar?

Der Staub wallt auf, der Hufschlag dröhnt,
es naht der Waffen Klang.
Daß Gott! Die Herrn verderben mir
den ganzen Vogelfang.

Ein lauschiger Platz bei den Domherrenhöfen am Domplatz mit einem großen Baum, der sich zum Vogelfang eignen würde – wenn das heute nicht verboten wäre.

Ei nun! Was gibt's? Es hält der Tross
vorm Herzog plötzlich an.
Herr Heinrich tritt hervor und spricht:
Wen sucht ihr Herrn? Sagt an!

Da schwenken sie die Fähnlein bunt
und jauchzen: Unsern Herrn!
Hoch lebe Kaiser Heinrich, hoch
des Sachsenlandes Stern!
Sich neigend knien sie vor ihm hin
und huldigen ihm still
und rufen, als er staunend fragt:
´s ist deutschen Reiches Will´!

Da blickt Herr Heinrich tief bewegt
hinauf zum Himmelszelt:
Du gabst mir einen guten Fang,
Herr Gott, wie dir´s gefällt!

Text nach
Johann Nepomuk Vogl (1802–1866),
1835

Der „Vogler" bekam noch einen großen Auftritt in Richard Wagners Oper „Lohengrin", die alljährlich unweit von Bamberg, in Bayreuth, aufgeführt wird. Bei Lohengrin soll es sich um den Sohn des Parzival handeln. Dessen sagenumwobene Gralsburg, wie sie etwa Gottfried von Straßburg schilderte, stand möglicherweise in Franken. Gern stellt man sich die Wildenburg südlich von Amorbach in Unterfranken als Vorbild für diese Gralsburg vor.

Übrigens musste in Wagners „Lohengrin" Elsa, die Braut der Titelfigur, ein Gottesurteil bestehen, und auch sie war erfolgreich. Leider konnte das Paar jedoch nicht zusammenbleiben, weil sie die Regel „Nie sollst du mich befragen!" durchbrochen hat.

Kunigunde, die spätere Heilige, hingegen verhörte der Sage nach die Bauleute der von ihr gestifteten Stephanskirche, um herauszubekommen, wer immer zu viel Lohn aus der bereitgestellten Schale genommen hatte. Ein Wunder brachte am Ende die Aufklärung: Die Münze glühte in der Hand des Straftäters, dargestellt am Kaisergrab im Dom.

Heute ist die Bamberger Stephanskirche Zentrum des evangelischen Dekanats – und damit die einzige evangelische Dekanatskirche, die ursprünglich von einer (katholischen) Heiligen gestiftet worden war. In einem Schrank in der Sakristei der Kirche wurde über Jahrhunderte die „Bamberger Apokalypse" aufbewahrt, eine der wertvollsten mittelalterlichen Handschriften überhaupt. Es handelt sich um eine Abschrift des letzten Buchs der Bibel, der Offenbarung vom Ende aller Zeiten, mit wunderbaren, teils vergoldeten Illustrationen. Heute befindet sich das UNESCO-Weltdokumentenerbe in der Staatsbibliothek Bamberg – zusammen mit anderen Handschriften, die in einem Kloster auf der Insel Reichenau im Auftrag Heinrichs II. gefertigt wurden.

Der Romantiker Zacharias Werner (1768–1823), der mit E. T. A. Hoffmann in Königsberg in Ostpreußen zeitweise im gleichen Haus wohnte, verfasste 1813 ein Drama mit dem Titel „Kunigunde, die Heilige".

Kunigundenfigur im westlichen Chorgestühl, angestrahlt.

Bamberger Kirchen von Westen, mit Dom, davor Sankt Jakob, rechts die Obere Pfarrkirche mit Türmerhäuschen und ganz rechts Sankt Stephan.

Im Hintergrund, im Tal, der Hauptsmoorwald, am Horizont das Mittelgebirge des Jura, genannt „Fränkische Schweiz".

Geschichten der Stadt, des Bistums und des Hochstifts Bamberg

Vor- und Frühgeschichte

„Hier ist das Haupt der Welt, die Wiege jeglichen Ruhms", schrieb der Abt Georg von Seeon aus Anlass der Weihe des Bamberger Doms 1012. Wie kam er dazu? War Bamberg wirklich einmal die „Hauptstadt der Welt", hatte er also in gewissem Sinne Recht? Oder war das eine übertriebene Lobhudelei?

Ganz abwegig war es sicher nicht. Dazu muss man sich einmal die Geschichte der Stadt und des Bistums vergegenwärtigen. Nach der letzten **Eiszeit** vor rund **10.000** Jahren hatte sich das sog. „Bamberger Becken" gebildet, also der Zusammenfluss von Regnitz und Main zwischen den bewaldeten Mittelgebirgen Fränkischer Jura im Osten, den Haßbergen im Nordwesten

„Eiszeit" in Bamberg, mit der Jakobskirche vor dem Dom.

und dem Steigerwald, auf dessen Terrassen die Bamberger Bergstadt mit dem Dom und den anderen Kirchen erbaut wurde. Im Tal liegt noch ein bewaldeter Hügel, der Hauptsmoorwald, der eine bewachsene Düne darstellt.

Noch vor wenigen Jahren waren mitten in der Stadt Flussfischer mit ihrem Gewerbe angemeldet. Sie trockneten hier ihre Netze seit weit über 1000 Jahren.

An den Flüssen im Tal hatten sich einige Inseln gebildet, auf denen sich Fischer niederließen. Daraus wurde die Bürgerstadt. Auch auf den Hügeln oberhalb siedelten schon seit der **Steinzeit** (in Bamberg ab dem **6. Jahrtausend v. Chr.**) Menschen, später entstanden hier burgartige Befestigungen. Archäologische Funde bewahrt das Historische Museum der Stadt in der Alten Hofhaltung am Domplatz nördlich des Doms.

Die Burg auf dem Bamberger Domberg war sicher schon seit Jahrhunderten ein bedeutender, zumindest regional zentraler Ort an weit überregionalen Verkehrsverbindungen. Ab dem **6./7. Jahrhundert** gab es auf dem Domberg eine **germanisch-slawische Mischbevölkerung**. Die alle Bamberger Hügel überragende Altenburg war wohl nicht die alte Burg der „Babenberger", wie früher angenommen. Ihre vor- und frühgeschichtliche Stellung müsste noch genauer erforscht werden.

Der Vierungsturm auf der Klosterkirche Michaelsberg deutet auf den Hauptsmoorwald und, am Horizont, das Juragebirge der Fränkischen Schweiz.

Beginn der Geschichte

902 wurde ein **„castrum Babenbergh"** erstmals erwähnt, **973** hat Kaiser Otto II. die **„civitas Papinberc"** an **Herzog Heinrich**, den „Zänker", von Bayern geschenkt, im selben Jahr war die Geburt seines Sohnes Heinrich, des späteren Kaisers Heinrich II., der Bamberg erbte.

Höhepunkt der Geschichte Bambergs

Nachdem Heinrich **1002** zuerst einmal zum König gekrönt worden war (Kaiserkrönung 1014), machte er Bamberg zu seiner **zentralen Pfalz** im Reich: Im Mittelalter musste jeder König durch das Reich reiten, um jeweils vor Ort durch urkundliche Entscheidungen sein Amt auszuüben. Da Bamberg nun die bevorzugte Pfalz für Heinrich war und der deutsche König nach damaligem Verständnis im Auftrag Gottes an der Seite des Papstes als eine Art Universalherrscher fungierte, konnte man diese Stadt durchaus als „Haupt der Welt" sehen. In Bamberg bestand damals schon länger eine Burg mit **Burgkapelle** – über ihr wurde der erste Dom errichtet.

1007 stiftete Heinrich das **Bistum** Bamberg, wohl hauptsächlich um der „memoria" willen, damit man sich für immer an ihn und seine Gemahlin Kunigunde erinnere. Diese „memoria" sollte für den Umstand entschädigen, dass sie kinderlos waren. Weitere Klöster wurden in der Stadt gestiftet, vor allem das Benediktinerkloster Sankt Michael auf dem Michelsberg und die Stephanskirche, so dass auf den „geistlichen" Hügeln der Bamberger Bergstadt ein einzigartiges Panorama entstand, das bis zum heutigen Tag viel gerühmt wird. Manchmal nennt man Bamberg auch das „Fränkische Rom" (mit Stephansberg/Stephanskirche, Kaulberg/Obere Pfarre, Domberg, Jakobsberg/Jakobskirche, Michaelsberg/ehem. Klosteranlage, Altenburg/Burgkapelle), da Rom ebenfalls auf sieben Hügeln erbaut ist. Nur auf dem Bamberger Abtsberg im Norden steht keine Kirche. Dafür existiert noch ein Karmelitenkloster auf dem Kaulberg.

Wahrscheinlich gab es schon in der Zeit der Bistumsgründung eine **jüdische** Bevölkerung in der Stadt, die ihre sakralen Gebäude und Anlagen pflegte.

Kaiser Heinrich ließ bereits als König seinem neu gegründeten Bistum viele Schenkungen zukommen, also Grundherrschaften, teilweise mit ganzen Orten oder größeren Gebieten, manchmal nur in Form einzelner Rechte, verstreut auf die ganze Südhälfte des Reiches, bis ins heutige Italien, die Schweiz oder Frankreich. Diese Schenkungen bildeten das sog. Hochstift Bamberg. Dazu gehörten etwa Gebiete wie Sankt Georgen am Attersee in Österreich und Umgebung oder Villach und Feldkirchen in Kärnten. Manche Orte blieben lange Zeit, bis zum Beginn des 19. Jahrhunderts, beim **Hochstift** Bamberg; viele dagegen wurden verkauft, abgetreten oder getauscht.

Die Verbindung hat sich manchmal noch lange Zeit, zum Beispiel in Form von Städtepartnerschaften bis heute erhalten.

1020 wurde das denkbar größte **Fest** für die Welt des Mittelalters in Bamberg gefeiert: **Papst und Kaiser** waren beide anwesend – Benedikt VIII., Heinrich II. und 72 Bischöfe trafen bei einer **Reichsversammlung** zusammen.

1024 starb Kaiser Heinrich und wurde im Dom beigesetzt, 1033 folgte ihm **Kunigunde**. Bald rankten sich viele Legenden um beider Lebensgeschichten – plastisch dargestellt sind sie unter anderem auf dem Kaisergrab im Dom. **1046** wurde der Bamberger **Bischof** Suidger in Rom als Clemens II. zum **Papst** ernannt. 1047 starb er und wurde im Westchor des Bamberger Domes begraben. Bamberg beherbergt somit das **einzige Papstgrab nördlich der Alpen**.

Grab für Papst Clemens II., vormals Bischof Suidger von Bamberg, im Westchor des Bamberger Doms, davor der Thron des Erzbischofs.

König Philipp von Schwaben wurde möglicherweise in diesem Bereich der Alten Hofhaltung (bzw. im Gebäude zum Domplatz hin) 1208 ermordet. Heute befindet sich darin das Historische Museum der Stadt.

Bamberg weiterhin eines der Zentren im Reich

1102–1139 regierte **Bischof Otto I.** in Bamberg, 1189 wurde er **heiliggesprochen**. Er wirkte ausgleichend im Investiturstreit zwischen Kaiser und Papst, also in der Frage, wer die Bischöfe ernennen dürfe. Wegen seiner Slawen-Mission gilt er als **„Apostel der Pommern"**, weswegen bei einer Bischofsweihe auch immer der Bischof von Stettin in Bamberg anwesend ist. Außerdem hat die heilige **Hildegard von Bingen** vor Bischof Otto ihr Ordensgelübde abgelegt. In der Mitte des 12. Jahrhunderts kam sie nach Bamberg. Bischof Otto wurde schließlich im Kloster **Michaelsberg begraben**, das er sehr gefördert hatte. 1152 starb der Staufer König Konrad III. und wurde im Bamberger Dom begraben.

Nach einem **Großbrand im Bamberger Dom 1185** begann wohl schon vor dem Jahr **1200** der umfangreiche **Neubau** eines größeren Domes, genau über dem bisherigen Kirchenbau, dem Heinrichsdom. Er wurde **1237 geweiht** und mit sehr **bedeutenden Skulpturen** ausgestattet, zum Beispiel mit dem **Bamberger Reiter** oder den Figuren am **Fürstenportal**. Neben der Skulpturenausstattung in Straßburg und Naumburg handelt es sich um die künstlerisch wertvollsten Plastiken des 13. Jahrhunderts.

1203–1237 regierte Bischof Ekbert von Andechs-Meranien. 1208 wurde König Philipp von Schwaben als Hochzeitsgast durch den Grafen Otto von Wittelsbach vermutlich aus ganz persönlichen Gründen in der Alten Hofhaltung mit dem Schwert **getötet**. Ekbert, den man der Mitwisserschaft verdächtigte, floh zu seinem Schwager, König Andreas von Ungarn. 1211 wurde er zwar rehabilitiert, kehrte aber erst 1219 nach Bamberg zurück. Von da an begann der Niedergang des Hauses der Andechser und der Aufstieg des Hauses Wittelsbach – eine Ironie der Geschichte.

Höhepunkte der Geistesgeschichte, schlimme Verfolgungen und kriegerische Auseinandersetzungen

1260–1309 lehrte der Dichter **Hugo von Trimberg** in der Stiftsschule St. Maria und St. Gangolf. **1298 und 1349** wurden viele Menschen **jüdischen** Glaubens **verfolgt** und **ermordet**. **1430** wurde Bamberg durch Kriegs- und Raubzüge der **Hussiten** heimgesucht. **1435** erreichte eine lang schwelende Auseinandersetzung zwischen den Bürgern in der Inselstadt, den Geistlichen der Bergstadt, den Domherren, dem Michaelsberger Abt und dem Bischof im sog. **„Immunitätenstreit"** einen Höhepunkt. Der Bischof behielt die Oberhand.

Nach **1450** war Bamberg die zweite Stätte des **Buchdrucks** (die erste war Mainz). **1507** verfasste Johann von Schwarzenberg das bedeutende Rechtsbuch **„Bamberger Halsgerichtsordnung"**. **1517** kamen reformatorische

Vierzehnheiligenpavillon der Neuen Residenz im Hintergrund, davor rechts ein barocker Domherrenhof.

Gedanken ohne tiefergreifende Veränderungen nach Bamberg, ebenso wie der **Bauernkrieg 1525**. Schlimmer **wütete** der **Markgraf Albrecht „Alcibiades"** von Brandenburg-Kulmbach. Vor **1600** entstand ein **höheres Bildungswesen**. **1623–1633** war Bamberg ein Zentrum des **Hexenwahns**. Ab **1632** litt die Stadt unter dem **Dreißigjährigen Krieg** (1618–48). Danach entstanden die Ursprünge der heutigen **Universität**. **1693–1746**, in der Zeit der **Fürstbischöfe von Schönborn**, wurde Bamberg zur **Barockstadt**, unter anderem mit den Baumeistern **Balthasar Neumann** und der **Dientzenhofer**-Familie (insbesondere Johann). **1789** entstand das Erste Allgemeine **Krankenhaus**, damals die fortschrittlichste medizinische Einrichtung ihrer Art überhaupt, nach Plänen des Arztes **Adalbert Friedrich Marcus**.

Rokoko-Figur im Rosengarten der Neuen Residenz am Domplatz.

Blick vom Terrassengarten des Klosters Michaelsberg auf das frühere Erste Allgemeine Krankenhaus (mit Glockentürmchen) und die moderne Konzerthalle für die Bamberger Symphoniker, die nach dem 2. Weltkrieg aus Prag nach Bamberg kamen. In der Ferne moderne Hafengebäude und Hallstadt in Richtung Obermaintal.

Im Jahr **1800** weilten einige bedeutende **Romantiker und Romantikerinnen** in der Stadt, unter anderem Friedrich Schelling und Caroline Schlegel. 1808–1813 entfaltete **E. T. A. Hoffmann** hier eine bedeutende Wirksamkeit. **1807–1808** arbeitete **Georg Wilhelm Friedrich Hegel** als Redakteur und Philosoph in Bamberg. **1830** wurde der **Historische Verein** auf Anregung König Ludwigs I. gegründet, um die Geschichte der Stadt und des Hochstifts zu **erforschen**. In den regelmäßig veröffentlichten Jahresberichten erscheinen bis heute zahlreiche Arbeiten über das kaiserliche Stifterpaar und die entsprechenden Zusammenhänge. Spätestens um 1900 entstanden etliche **Gebäude** bzw. Inneneinrichtungen im Stil eines am Mittelalter orientierten **Historismus**.

Dom: Hauptsehenswürdigkeiten

Die Figur der sog. Elisabeth zählt zu den großartigsten Kunstwerken des 13. Jh.

- Struktur: Viertürmig, dreischiffig, mit Vierung und zwei Krypten, zwei Chöre, alles frühgotisch überwölbt
- Hauptportale im Osten (Stadtseite): Adamspforte mit Adam, Eva, Petrus und Stephanus und den Stiftern Heinrich und Kunigunde; nördliche Gnadenpforte mit Maria im Mittelpunkt
- Am nördlichen Seitenschiff: Fürstenportal, die Apostel stehen auf den Schultern der Propheten, links Ecclesia (Verkörperung der Kirche), rechts Synagoga (die Verkörperung des Judentums, mit Augenbinde, beides Kopien, die Originale befinden sich innen an den südlichen Chorschranken), in der Mitte das Jüngste Gericht mit den Verdammten (zur Linken Jesu) und den Erlösten (lächelnd, zu seiner Rechten)
- Nördliches Seitenschiff, an den Chorschranken: aufgestellte Liegefigur von Papst Clemens II. (einst Bischof Suidger von Bamberg, hier im Dom hinter dem Bischofsthron begraben; das einzige Papstgrab nördlich der Alpen); sog. Elisabeth (abgebrochene Teile, blind wirkend,

Blick auf den Westchor des Doms mit den westlichen Türmen und dem südlichen Seitenarm der Vierung.

aber extrem ausdrucksstark), Maria, lachender Engel, hl. Dionysius, enthauptet; alle um 1230, wohl von Bildhauern aus Reims in Frankreich geschaffen

- Zwischen diesen Figuren lebendig gestaltete Reliefs heftig diskutierender Propheten, flankiert von Säulchen, von einer früheren Bildhauerschule
- Die südlichen Chorschranken zeigen die Apostel, dazwischen hat man die originalen Figuren von Ecclesia und Synagoga vom Fürstenportal aufgestellt, um sie vor der Witterung zu schützen
- Mittelschiff, nördlicher Eckpfeiler, erhöht: Der berühmte Bamberger Reiter, wahrscheinlich König Stephan von Ungarn (es fehlen jedoch einige Königszeichen)
- In der Mitte, im Aufgang zum Ostchor: Grab von Heinrich und Kunigunde, von Tilman Riemenschneider über 14 Jahre, von 1499–1513, aus Juramarmor geschaffen, mit Bildern aus den Legenden zum Kaiserpaar
- Im Westchor Thron des Erzbischofs, dahinter das Hochgrab von Papst Clemens II. (vgl. Liegefigur im nördlichen Seitenschiff), geschaffen im 13. Jahrhundert
- Im südlichen Seitenschiff: Veit-Stoß-Altar mit der Darstellung des Marienlebens, aus dunklem Lindenholz geschnitzt, aus dem Jahre 1523
- Der Blick auf das wertvolle, geschnitzte Chorgestühl im Westchor ist nur von unten möglich (Parler-Schule, 14. Jahrhundert)
- Der Hochaltar im Westchor mit der vergoldeten Kreuzigungsgruppe stammt von Justus Glesker und ist aus der Mitte des 17. Jahrhunderts; das große Fresko im Ostchor vom Herrn Jesus malte Karl Caspar 1927
- An den Dom schließt sich ein gotischer Kreuzgang an, er ist Teil des südlich angebauten Diözesanmuseums mit dem Domschatz. Das Gebäude, das ehemalige Domkapitelhaus, errichtete Balthasar Neumann zu Beginn des 18. Jahrhunderts. Glanzstücke sind die 1000 Jahre alten, neu erforschten Kaisermäntel, insbesondere der blaue Sternenmantel für Kaiser Heinrich II. Die Mäntel sind im „Steinsaal" zu sehen, den der wohl bedeutendste Stuck des 18. Jahrhunderts schmückt

Beim Heinrichsfest ist das berühmte Fürstenportal am Bamberger Dom geöffnet (Anfang 13. Jh.).

Dombesichtigung, Führungen, unterwegs in der Stadt Bamberg (auch Übernachtungen) und in den dortigen Museen

1. Touristeninformation allgemein

https://www.bamberg.info/
BAMBERG Tourismus & Kongress Service
Geyerswörthstraße 5
96047 Bamberg
Tel.: 0951/2976-200

Hier erhält man alle Infos über Stadtführungen, Übernachtungen und Besichtigungen, außerdem Bücher, Prospekte, Karten und aktualisierte Informationen.

2. Dombesichtigung und Führungen im Dom

DoMus Besucherservice
Domplatz 2
96049 Bamberg

Der DoMus Besucherservice gibt Informationen zur Planung des touristischen Besuchs für Individualbesucher, Reisegruppen, kirchliche Gruppen und Schulklassen. Öffentliche Führungen für Einzelgäste finden täglich statt.

Alle Gruppen im Bamberger Dom sind anmeldepflichtig und dürfen nur von autorisierten oder registrierten Domführerinnen und Domführern geführt werden. Privatpersonen, Gruppen oder Reiseunternehmen müssen daher eine Gruppenführung im Bamberger Dom über den DoMus Besucherservice buchen. Die Gruppengröße ist auf maximal 20 Personen pro Gruppe begrenzt.

Informationen zur Barrierefreiheit:
Bedingt rollstuhlgerecht.
Der barrierefreie Eingang für Rollstuhlfahrer und Kinderwägen befindet sich auf der Rückseite/Westseite der Kathedrale. Der Zugang erfolgt über die Domstraße, vorbei am Dompfarrheim durch das linke Eingangstor in den sog. Mesnerhof. Ab der Domstraße ist der Weg durch eine neue Gestaltung mittels flacher Pflastersteine leichter und gut erkennbar. An der Choraußenwand gibt es einen Behindertenparkplatz (Parkdauer für 3 Stunden). Im Mesnerhof befindet sich die öffentliche Behindertentoilette.

Öffnungszeiten:
April bis Oktober
Montag bis Mittwoch: 9:00 bis 18:00 Uhr
Donnerstag und Freitag: 9:30 bis 18:00 Uhr
Samstag: 9:00 bis 16:30 Uhr
Sonntag, Feiertag: 13:00 bis 18:00 Uhr
November bis März
Montag bis Mittwoch: 9:00 bis 17:00 Uhr
Donnerstag und Freitag: 9:30 bis 17:00 Uhr
Samstag: 9:00 bis 16:30 Uhr
Sonntag, Feiertag: 13:00 bis 17:00 Uhr

Während der Orgelkonzerte an allen Samstagen von Mai bis Oktober ist der Dom zwischen 11:30 Uhr und 13:00 Uhr für Besichtigungen geschlossen. Konzertbesucher sind herzlich willkommen!

Während liturgischer Feierlichkeiten ist der Dom für Besichtigungen und Führungen immer geschlossen.

Stille Tage im Dom: Heiligabend, Aschermittwoch, Gründonnerstag, Karfreitag, Karsamstag, Ewige Anbetung (29.–30.6.), Allerheiligen (1.11.) und Allerseelen (2.11.)

An diesen Tagen wird um Stille im Dom gebeten. Führungen und Erklärungen sind nicht erlaubt.

Bitte die Öffnungszeiten immer aktuell unter www.bamberger-dom.de prüfen.

Eingang ins Historische Museum der Stadt Bamberg, vom Hof der Alten Hofhaltung her.

3. Diözesanmuseum

Empfehlung des Museums:

Das Diözesanmuseum links vom/südlich neben dem Dom beherbergt den Domschatz mit dem 600 kg schweren Domkreuz und Goldschmiedearbeiten. Die mittelalterlichen Kaisermäntel und der Ornat aus dem einzigen Papstgrab nördlich der Alpen sind Highlights der großen Textilsammlung. Im Kreuzgang sind heute die originalen Portalfiguren des Domes und die Domkühe aufgestellt. Zudem locken Werke von Veit Stoß, Joachim Sandrart und Marino Marini.

Am Eingang erhält man auch Bücher und Ansichtskarten.

Eintritt mit BAMBERGcard kostenlos
Informationen zu Sonderausstellungen, Führungen, Veranstaltungen und die Öffnungszeiten auf der Homepage, Facebook und Instagram.

Weitere Informationen:
Diözesanmuseum des Erzbistums Bamberg
Domplatz 5
96049 Bamberg
Tel.: 0951/502-2515 | Kasse
Tel.: 0951/502-2502 | Büro

4. Historisches Museum der Stadt Bamberg am Domplatz

Alte Hofhaltung, nördlich vom Dom

Historisches Museum Bamberg
Domplatz 7
96049 Bamberg

Tel.: 0951/87-1140 | Kasse
Tel.: 0951/87-1142 | Verwaltung
E-Mail: museum@stadt.bamberg.de

Öffnungszeiten:
Dienstag bis Sonntag und feiertags: 10:00 bis 17:00 Uhr

Empfehlung des Museums:
Direkt neben dem berühmten Bamberger Dom zeigt das Historische Museum in der Alten Hofhaltung in der Hauptsaison von März bis November die kostbaren Sammlungen der Welterbestadt. Kunsthistorisch bedeutende Gemälde laden in die Abteilung „Bilderspaziergang | Gemälde erzählen Geschichten" ein. Mit der Ausstellung „Jüdisches in Bamberg" wird eine wichtige Facette der Stadtgeschichte in den Fokus gerückt. Die neu arrangierte Ausstellung „Eine neue Zeit bricht an | Bambergs Bürgertum zwischen Romantik und Gründerzeit" erzählt vom Engagement der Bamberger Bürgerschaft für das Wohlergehen ihrer Stadt, von neuen Ideen und dem Wandel des Geschmacks in der Kunst. „Zeit und Raum" präsentiert erstaunlich genaue Beobachtungs- und Vermessungsinstrumente, Modelle der jeweils vorherrschenden Weltbilder sowie Sonnen- und mechanische Uhren aus der Zeit vom 16. bis ins 18. Jahrhundert. Die Kabinettausstellung „Märchenhafte Verwandlungen" thematisiert das „Apfelweibla" im Werk von E. T. A. Hoffmann. Der Historische Verein Bamberg präsentiert in seiner Studioausstellung „Highlights" seiner umfangreichen Sammlungen.

Die Jubiläumsausstellung anlässlich des tausendsten Todestages von Kaiser Heinrich II. ist vom 25. Oktober 2024 bis 27. April 2025 unter dem Titel „Vor 1.000 Jahren. Menschen(leben) am Hof von Kunigunde und Heinrich II." zu sehen.

Für Kinder wird der Museumsbesuch zu einem besonderen Erlebnis, wenn sie mit dem Mitmachheft des Museums die Ausstellungen besuchen. Die Mitmachhefte können für 1 € an der Kasse erworben werden.

Zudem gibt es im kulturellen Bildungsangebot eine große Auswahl an Mitmachprogrammen für Kinder aller Altersstufen, Schulklassen und Erwachsene, und auch der Kindergeburtstag lässt sich trefflich im Museum feiern. Einzelheiten erfahren Sie auf den entsprechenden Unterseiten.

Am Eingang zum Museum, erhält man auch Bücher und Ansichtskarten, ebenso in einem kleinen Laden am Eingang zum Innenhof.

5. Neue Residenz Bamberg

Mit ihren Prachtsälen und ihrer kostbaren Innenausstattung vermittelt die Neue Residenz (gegenüber vom Dom) ein eindrucksvolles Bild des fürstbischöflichen Lebens. In der Staatsgalerie wartet eine hochrangige Sammlung altdeutscher und barocker Gemälde.

Die Neue Residenz diente bis 1802 als Sitz der Bamberger Fürstbischöfe. Die über 40 Prunkräume sind unter anderem mit Stuckdecken, Möbeln und Wirkteppichen des 17. und 18. Jahrhunderts ausgestattet. Besonders sehenswert sind der vom österreichischen Barockmaler Melchior Steidl freskierte Kaisersaal, die Kurfürstenzimmer und das fürstbischöfliche Appartement.

Die „Altdeutsche Galerie" und die „Barockgalerie" beherbergen bedeutende Werke der Bayerischen Staatsgemäldesammlungen. Einen schönen Blick über Bamberg bietet der Rosengarten (mit Café) im Innenhof der Residenz.

Im Kassenbereich erhält man Bücher, Ansichtskarten und wertvolle Andenken.

Informationen zur Barrierefreiheit:
Bedingt rollstuhlgerecht.
Drei öffentliche Behindertenparkplätze am Domplatz (Entfernung zum Eingang der Neuen Residenz ca. 120 m); auf dem Weg zum Eingang geringe Steigungen (unter sechs Prozent Neigung); Wegbelag teils eben (Rollstuhlspur), teils Kopfsteinpflaster. Eine Behindertentoilette befindet sich im Kassenbereich der Neuen Residenz, eine weitere im Innenhof der Alten Hofhaltung auf der gegenüberliegenden Seite des Domplatzes. Die Eingangshalle (mit Kasse und Museumsladen) ist über eine separate Eingangstür im Innenhof barrierefrei erreichbar; während der Öffnungszeiten ist der Zugang mit einem „Euro-Schlüssel" möglich. Erstes und zweites Obergeschoss (einschließlich Kaisersaal) sind über einen Aufzug (Länge: 135 cm x Breite: 100 cm, Türbreite: 79,5 cm) erreichbar. Türen mindestens 90 cm breit; Wegbelag eben und rutschfest; einzelne Sitzgelegenheiten sind vorhanden.

Führungsermäßigung BAMBERGcard

Öffnungszeiten:
April bis September
Montag bis Sonntag: 9:00 bis 18:00 Uhr
Oktober bis März
Montag bis Sonntag: 10:00 bis 16:00 Uhr
1. Januar, Faschingsdienstag, 24., 25. und 31. Dezember geschlossen.

Neue Residenz
Domplatz 8
96049 Bamberg
Tel.: 0951/51939-0
Fax: 0951/51939-129

6. Weitere Museen und Besichtigungsmöglichkeiten

- Ehemaliges Kloster Sankt Michael auf dem Michaelsberg mit Museumsladen. Die Kirche ist derzeit nicht zugänglich und wird voraussichtlich 2026 wiedereröffnet.
- Sammlung Ludwig im Alten Rathaus (in der Regnitz), Porzellansammlung.
- Obere Pfarrkirche (Parler-Gotik, u. a. ein Tintoretto- und ein Caravaggio-Gemälde bzw. aus seinem Umkreis; in der Advents-, Weihnachts- und Passionszeit mit einer wertvollen historischen Großkrippe), erkennbar am Türmerhäuschen.
- Martinskirche in der Fußgängerzone, mit sehenswerter Dientzenhofer-Fassade und gemalter Scheinkuppel im Innern.
- Jakobskirche, zwischen Domberg und Michelsberg, zum Teil romanisch anmutend, mit prächtigen Säulenschäften im Inneren. Hier bekommt man einen Eindruck davon, wie der Dom von Kaiser Heinrich ausgesehen haben muss, bevor er 1200 erneuert und vergrößert wurde.
- Stephanskirche, von Kaiserin Kunigunde gegründet, heute evangelische Dekanatskirche. Der erste evangelische Pfarrer war mit G. W. F. Hegel befreundet und ließ sich Predigten von ihm korrigieren.
- Gangolfs-Kirche, östlich des Main-Donau-Kanals, teilweise immer noch im Stil des 11. Jahrhunderts.

- Altenburg, südwestlich der Stadt auf der höchsten Erhebung (386 m) gelegen, in Teilen noch mittelalterlich, Turmbesteigung zeitweise möglich.

- Gärtner- und Häckermuseum, Bestandteil des Weltkulturerbes,
  mit Gärtnerhaus und Garten:
  Mittelstraße 34
  96052 Bamberg
  Buchung:
  Stephanie Eißing M. A.
  Tel.: 0175/4823865, E-Mail: info@ghm-bamberg.de

7. Kulturelle Einrichtungen

Symphonieorchester Bamberger Symphoniker
Staatsbibliothek
Künstlerhaus Villa Concordia
ETA Hoffmann Theater
Marionettentheater
Brentanotheater
NaNa-Theater
Stadtgalerie Villa Dessauer
Jazzclub

Informationen zu allen Einrichtungen erhält man im Tourismus & Kongress Service oder in den Bamberg-Führern, welche die Buchhandlungen anbieten.

Literaturverzeichnis

Jan Dhondt (Hg. u. Verf.): Das frühe Mittelalter, Frankfurt am Main 1968 (= Fischer Weltgeschichte, Bd. 10).

Christian Dümler: Der Bamberger Kaiserdom. 1000 Jahre Kunst und Geschichte, Bamberg 2005.

Andreas Fahrmeir: Deutsche Geschichte, München 2017.

Stefan Fröhling und Andreas Reuß: Bamberg, 3. aktual. Aufl., Ostfildern 2022.

– Dies.: Franken. Entdeckungsfahrten zwischen Spessart und Fichtelgebirge: Würzburg, Nürnberg, Bamberg, Bayreuth, Rothenburg, 6. aktual. Aufl., Ostfildern 2012.

– Dies.: Kunigundenweg zwischen Bamberg und Aub, Bamberg 1990.

– Dies.: Reisen ins Hochstift Bamberg. Schenkungen Heinrichs II. an sein Bistum – Orte und Besitzungen, Bamberg 2002.

Jacques Le Goff (Hg. u. Verf.): Das Hochmittelalter, Frankfurt am Main 1965 (= Fischer Weltgeschichte, Bd. 11).

Luitgar Göller (Hg.) unter Mitarb. v. Wolfgang F. Reddig, Regina Hanemann und Werner Taegert: 1000 Jahre Bistum Bamberg 1007–2007. Unterm Sternenmantel, Katalog, Petersberg 2007.

Bernhard Heinloth (Hg.): Geschichte für Gymnasien 7, erarb. v. Gertrud Tinkl u. a., München 1992.

Kaiser Heinrich II. 1002–1024, hg. v. Josef Kirmeier, Bernd Schneidmüller, Stefan Weinfurter u. Evamaria Brockhoff (Begleitband zur Bayerischen Landesausstellung 2002 in Bamberg, 6.7.–20.10.2002), Bayerisches Staatsministerium für Wissenschaft und Kunst, München, Haus der Bayerischen Geschichte, Augsburg, Konrad Theiss Verlag, Stuttgart 2002.

Thietmar von Merseburg: Chronik. Neu hg. u. erläutert v. Werner Trillmich, mit einem Nachtr. u. einer Bibliographie v. Steffen Patzold, 9. bibliograph. aktual. Aufl., Darmstadt 2011.

Wolfgang F. Reddig: Kaiser Heinrich II. Leben, Zeit und Welt, Bamberg 2002.

Andreas Reuß und Matthias Scherbaum: Stadtphilosophischer Lehrpfad Bamberg, Bamberg 2018.

Karin Schneider-Ferber: Kaiser Heinrich und Kunigunde. Das heilige Paar, Regensburg 2022.

Bernd Schneidmüller und Stefan Weinfurter (Hg.): Otto III. – Heinrich II.: Eine Wende?, Sigmaringen 1997.

Stefan Weinfurter: Heinrich II. (1002–1024). Herrscher am Ende der Zeiten, Regensburg, 2. Aufl. 2000.

Joachim Zeune (Schriftleitg.): Geschichte aus Gruben und Scherben. Archäologische Ausgrabungen auf dem Domberg in Bamberg, Bamberg 1993.

Kloster der Bamberger Dominikanerinnen zum Heiligen Grab im Gärtnerviertel.

Blick von den Terrassengärten des Klosters Michaelsberg, Mitte 18. Jh. angelegt, auf die Altstadt, mit dem großen, glänzenden Schieferdach von Sankt Martin. Weiter rechts der Turm des Oberlandesgerichts.

Der Autor

Andreas Reuß wurde am 12. Oktober 1954 in Bamberg geboren. Er studierte in Regensburg und Würzburg Germanistik und Katholische Theologie, außerdem besuchte er Lehrveranstaltungen in Kunstgeschichte. Früher als Gymnasiallehrer und Stadtrat tätig, schreibt er jetzt nur noch Bücher und Aufsätze und fotografiert für verschiedene Medien und Ausstellungen. Darüber hinaus engagiert er sich in Vereinen für Kultur- und Denkmalpflege. Mehr Informationen unter reussbamberg.com.

1. Umschlagseite:
Heinrich II. als Buchstifter. Quelle: Staatsbibliothek Bamberg, Evangelistar aus Seeon, 11. Jh., Msc.Bibl.95, Bl. 7v, Repro: Gerald Raab., im Hintergrund die Westtürme des Doms, dahinter der Turm der Oberen Pfarrkirche.

4. Umschlagseite:
Blick vom Innenhof der Alten Hofhaltung auf die Westtürme des Doms mit dem nördlichen Seitenschiff der Vierung.

Im Jahre 1750 entstand die Skulptur der heiligen Kaiserin Kunigunde, der Gemahlin Kaiser Heinrichs, die auf der Unteren Brücke in Bamberg aufgestellt wurde, direkt am Alten Rathaus. Sie stammt von Johann Peter Benkert (1709–1769), der zuerst Bamberger Hofbildhauer war und später das Potsdamer Stadtschloss sowie den Park Sanssouci (Weltkulturerbe) mitausstattete. Die Originalfigur der Kunigunde befindet sich aus konservatorischen Gründen in der Bamberger Jakobskirche. Vor Ort wurde sie durch eine Kopie ersetzt.